René Guénon

LA MÉTAPHYSIQUE ORIENTALE

(1939)

AF382964

© 2024, René Guénon (domaine public)
Édition : BoD · Books on Demand, 31 avenue Saint-Rémy,
57600 Forbach, bod@bod.fr
Impression : Libri Plureos GmbH, Friedensallee 273,
22763 Hamburg (Allemagne)
ISBN : 978-2-3225-2235-4
Dépôt légal : Décembre 2024

J'ai pris comme sujet de cet exposé la métaphysique orientale ; peut-être aurait-il mieux valu dire simplement la métaphysique sans épithète, car, en vérité, la métaphysique pure étant par essence en dehors et au delà de toutes les formes et de toutes les contingences, n'est ni orientale ni occidentale, elle est universelle. Ce sont seulement les formes extérieures dont elle est revêtue pour les nécessités d'une exposition, pour en exprimer ce qui est exprimable, ce sont ces formes qui peuvent être soit orientales, soit occidentales ; mais, sous leur diversité, c'est un fond identique qui se retrouve partout et toujours, partout du moins où il y a de la métaphysique vraie, et cela pour la simple raison que la vérité est une.

S'il en est ainsi, pourquoi parler plus spécialement de métaphysique orientale ? C'est que, dans les conditions intellectuelles où se trouve actuellement le monde occidental, la métaphysique y est chose oubliée, ignorée en général, perdue à peu près entièrement, tandis que en Orient, elle est toujours l'objet d'une connaissance effective. Si l'on veut savoir ce qu'est la métaphysique, c'est donc à l'Orient qu'il faut s'adresser ; et, même si l'on veut retrouver quelque chose des anciennes traditions métaphysiques qui ont pu exister en Occident, dans un Occident qui, à bien des égards, était alors singulièrement plus proche de l'Orient qu'il ne l'est aujourd'hui, c'est surtout à l'aide des doctrines orientales et par comparaison avec celles-ci que l'on pourra y parvenir, parce que ces doctrines sont les seules qui, dans ce domaine métaphysique, puissent encore être étudiées directement. Seulement, pour cela, il est bien évident qu'il faut les étudier comme le font les Orientaux eux-mêmes, et non point en se livrant à des interprétations plus ou moins hypothétiques et parfois tout à fait fantaisistes ; on oublie trop souvent que les civilisations orientales existent toujours et qu'elles ont encore des représentants qualifiés, auprès desquels il suffirait de s'informer pour savoir véritablement de quoi il s'agit.

J'ai dit métaphysique orientale, et non uniquement métaphysique hindoue, car les doctrines de cet ordre, avec tout ce qu'elles impliquent, ne se rencontrent pas que dans l'Inde, contrairement à ce que semblent croire certains, qui d'ailleurs ne se rendent guère compte de leur véritable nature. Le cas de l'Inde n'est nullement exceptionnel sous ce rapport ; il est exactement celui de toutes les civilisations qui possèdent ce qu'on peut appeler une base traditionnelle. Ce qui est exceptionnel et anormal, ce sont au contraire des civilisations dépourvues d'une telle base ; et à vrai dire, nous n'en connaissons qu'une, la civilisation occidentale moderne. Pour ne considérer que les principales civilisations de l'Orient, l'équivalent de la métaphysique hindoue se trouve, en Chine, dans le Taoïsme ; il se trouve aussi, d'un autre côté, dans certaines écoles ésotériques de l'Islam (il doit être bien entendu, d'ailleurs, que cet ésotérisme islamique n'a rien de commun avec la philosophie extérieure des Arabes, d'inspiration grecque pour la plus grande partie). La seule différence, c'est que, partout ailleurs que dans l'Inde, ces doctrines sont réservées à une élite plus restreinte et plus fermée ; c'est ce qui eut lieu aussi en Occident au moyen âge, pour un ésotérisme assez comparable à celui de l'Islam à bien des égards, et aussi purement métaphysique que celui-ci, mais dont les modernes, pour la plupart, ne soupçonnent même plus l'existence. Dans l'Inde, on ne peut parler d'ésotérisme au sens propre de ce mot, parce qu'on n'y trouve pas une doctrine à deux faces, exotérique et ésotérique ; il ne peut être question que d'un ésotérisme naturel, en ce sens que chacun approfondira plus ou moins la doctrine et ira plus ou moins loin selon la mesure de ses propres possibilités intellectuelles, car il y a, pour certaines individualités humaines, des limitations qui sont inhérentes à leur nature même et qu'il leur est impossible de franchir.

Naturellement, les formes changent d'une civilisation à une autre, puisqu'elles doivent être adaptées à des conditions différentes ; mais, tout en étant plus habitué aux formes hindoues, je n'éprouve aucun scrupule à en employer d'autres au besoin, s'il se trouve qu'elles puissent aider la compréhension sur certains points : il n'y a à cela aucun inconvénient, parce que ce ne sont en somme que des expressions diverses de la même chose. Encore une fois, la vérité est une, et elle est la même pour tous ceux qui, par une voie quelconque, sont parvenus à sa connaissance.

Cela dit, il convient de s'entendre sur le sens qu'il faut donner ici au mot « métaphysique », et cela importe d'autant plus que j'ai souvent eu l'occasion de constater que tout le monde ne le comprenait pas de la même façon. Je pense que ce qu'il y a de mieux à faire, pour les mots qui peuvent donner lieu à quelque équivoque, c'est de leur restituer autant que possible leur signification primitive et étymologique. Or, d'après sa composition, ce mot « métaphysique » signifie littéralement « au delà de la physique », en prenant « physique » dans l'acception que ce terme avait toujours pour les anciens, celle de « science de la nature » dans toute sa généralité. La physique est l'étude de tout ce qui appartient au domaine de la nature ; ce qui concerne la métaphysique, c'est ce qui est au delà de la nature. Comment donc certains peuvent-ils prétendre que la connaissance métaphysique est une connaissance naturelle, soit quant à son objet, soit quant aux facultés par lesquelles elle est obtenue ? Il y a là un véritable contresens, une contradiction dans les termes mêmes ; et pourtant, ce qui est le plus étonnant, il arrive que cette confusion est commise même par ceux qui devraient avoir gardé quelque idée de la vraie métaphysique et savoir la distinguer plus nettement de la pseudo-métaphysique des philosophes modernes.

Mais, dira-t-on peut-être, si ce mot « métaphysique » donne lieu à de telles confusions, ne vaudrait-il pas mieux renoncer à son emploi et lui en substituer un autre qui aurait moins d'inconvénients ? À la vérité, ce serait fâcheux, parce que, par sa formation, ce mot convient parfaitement à ce dont il s'agit ; et ce n'est guère possible, parce que les langues occidentales ne possèdent aucun autre terme qui soit aussi bien adapté à cet usage. Employer purement et simplement le mot « connaissance », comme on le fait dans l'Inde, parce que c'est en effet la connaissance par excellence, la seule qui soit absolument digne de ce nom, il n'y faut guère songer, car ce serait encore beaucoup moins clair pour des Occidentaux, qui, en fait de connaissance, sont habitués à ne rien envisager en dehors du domaine scientifique et rationnel. Et puis est-il nécessaire de tant se préoccuper de l'abus qui a été fait d'un mot ? Si l'on devait rejeter tous ceux qui sont dans ce cas, combien en aurait-on encore à sa disposition ? Ne suffit-il pas de prendre les précautions voulues pour écarter les méprises et les malentendus ? Nous ne tenons pas plus au mot « métaphysique » qu'à n'importe quel autre ; mais, tant qu'on ne nous aura pas proposé un meilleur terme pour le remplacer, nous continuerons à nous en servir comme nous l'avons fait jusqu'ici.

Il est malheureusement des gens qui ont la prétention de « juger » ce qu'ils ignorent, et qui, parce qu'ils donnent le nom de « métaphysique » à une connaissance purement humaine et rationnelle (ce qui n'est pour nous que science ou philosophie), s'imaginent que la métaphysique orientale n'est rien de plus ni d'autre que cela, d'où ils tirent logiquement la conclusion que cette métaphysique ne peut conduire réellement à tels ou tels résultats. Pourtant, elle y conduit effectivement, mais parce qu'elle est tout autre chose que ce qu'ils supposent ; tout ce qu'ils envisagent n'a véritablement rien de métaphysique, dès lors que ce n'est qu'une connaissance d'ordre naturel, un savoir profane et extérieur ; ce n'est nullement de cela que nous voulons parler. Faisons-nous donc « métaphysique » synonyme de « surnaturel » ? Nous accepterions très volontiers une telle assimilation, puisque, tant qu'on ne dépasse pas la nature, c'est-à-dire le monde manifesté dans toute son extension (et non pas le seul monde sensible qui n'en est qu'un élément infinitésimal), on est encore dans le domaine de la physique ; ce qui est métaphysique, c'est, comme nous l'avons déjà dit, ce qui est au delà et au-dessus de la nature, c'est donc proprement le « surnaturel ».

Mais on fera sans doute ici une objection : est-il donc possible de dépasser ainsi la nature ? Nous n'hésiterons pas à répondre très nettement : non seulement cela est possible, mais cela est. Ce n'est là qu'une affirmation, dira-t-on encore ; quelles preuves peut-on en donner ? Il est vraiment étrange qu'on demande de prouver la possibilité d'une connaissance au lieu de chercher à s'en rendre compte par soi-même en faisant le travail nécessaire pour l'acquérir. Pour celui qui possède cette connaissance, quel intérêt et quelle valeur peuvent avoir toutes ces discussions ? Le fait de substituer la « théorie de la connaissance » à la connaissance elle-même est peut-être le plus bel aveu d'impuissance de la philosophie moderne.

Il y a d'ailleurs dans toute certitude quelque chose d'incommunicable ; nul ne peut atteindre réellement une connaissance quelconque autrement que par un effort strictement personnel, et tout ce qu'un autre peut faire, c'est de donner l'occasion et d'indiquer les moyens d'y parvenir. C'est pourquoi serait vain de prétendre, dans l'ordre purement intellectuel, imposer une conviction quelconque ; la meilleure argumentation ne saurait, à cet égard, tenir lieu de la connaissance directe et effective.

Maintenant, peut-on définir la métaphysique telle que nous l'entendons ? Non, car définir, c'est toujours limiter, et ce dont il s'agit est, en soi, véritablement et absolument illimité, donc ne saurait se laisser enfermer dans aucune formule ni dans aucun système. On peut caractériser la métaphysique d'une certaine façon, par exemple en disant qu'elle est la connaissance des principes universels ; mais ce n'est pas là une définition à proprement parler, et cela ne peut du reste en donner qu'une idée assez vague. Nous y ajouterons quelque chose si nous disons que ce domaine des principes s'étend beaucoup plus loin que ne l'ont pensé certains Occidentaux qui cependant on fait de la métaphysique, mais d'une manière partielle et incomplète. Ainsi, quand Aristote envisageait la métaphysique comme la connaissance de l'être en tant qu'être, il l'identifiait à l'ontologie, c'est-à-dire qu'il prenait la partie pour le tout. Pour la métaphysique orientale, l'être pur n'est pas le premier ni le plus universel des principes, car il est déjà une détermination ; il faut donc aller au delà de l'être, et c'est même cela ce qui importe le plus. C'est pourquoi, en toute conception vraiment métaphysique, il faut toujours réserver la part de l'inexprimable ; et même tout ce qu'on peut exprimer n'est littéralement rien au regard de ce qui dépasse toute expression, comme le fini, quelle que soit sa grandeur, est nul vis-à-vis de l'Infini. On peut suggérer beaucoup plus qu'on n'exprime, et c'est là, en somme, le rôle que jouent ici les formes extérieures ; toutes ces formes, qu'il s'agisse de mots ou de symboles quelconques, ne constituent qu'un support, un point d'appui pour s'élever à des possibilités de conception qui les dépassent incomparablement : nous reviendrons là-dessus tout à l'heure.

Nous parlons de conceptions métaphysiques, faute d'avoir un autre terme à notre disposition pour nous faire comprendre ; mais qu'on n'aille pas croire pour cela qu'il y ait là rien d'assimilable à des conceptions scientifiques ou philosophiques ; il ne s'agit pas d'opérer des « abstractions » quelconques, mais de prendre une connaissance directe de la vérité telle qu'elle est. La science est la connaissance rationnelle discursive, toujours indirecte, une connaissance par reflet ; la métaphysique est la connaissance supra-rationnelle, intuitive et immédiate. Cette intuition intellectuelle pure, sans laquelle il n'y a pas de métaphysique vraie, ne doit d'ailleurs aucunement être assimilée à l'intuition dont parlent certains philosophes contemporains, car celle-ci est, au contraire, infra-rationnelle. Il y a une intuition intellectuelle et une intuition sensible ; l'une est au delà de la raison, mais l'autre est en deçà ; cette dernière ne peut saisir que le monde du changement et du devenir, c'est-à-dire la nature, ou plutôt une infime partie de la nature. Le domaine de l'intuition intellectuelle, au contraire, c'est le domaine des principes éternels et immuables, c'est le domaine métaphysique.

L'intellect transcendant, pour saisir directement les principes universels, doit être lui-même d'ordre universel ; ce n'est plus une faculté individuelle, et le considérer comme tel serait contradictoire, car il ne peut être dans les possibilités de l'individu de dépasser ses propres limites, de sortir des conditions qui le définissent en tant qu'individu. La raison est une faculté proprement et spécifiquement humaine ; mais ce qui est au-delà de la raison est véritablement « non-humain » ; c'est ce qui rend possible la connaissance métaphysique, et celle-ci, il faut le redire encore, n'est pas une connaissance humaine. En d'autres termes, ce n'est pas en tant qu'homme que l'homme peut y parvenir ; mais c'est en tant que cet être, qui est humain dans un de ses états, est en même temps autre chose et plus qu'un être humain ; et c'est la prise de conscience effective des états supra-individuels qui est l'objet réel de la métaphysique, ou, mieux encore, qui est la connaissance métaphysique elle-même. Nous arrivons donc ici à un des points les plus essentiels, et il est nécessaire d'y insister : si l'individu était un être complet, s'il constituait un système clos à la façon de la monade de Leibnitz, il n'y aurait pas de métaphysique possible ; irrémédiablement enfermé en lui-même, cet être n'aurait aucun moyen de connaître ce qui n'est pas de l'ordre d'existence auquel il appartient. Mais il n'en est pas ainsi : l'individu ne représente en réalité qu'une manifestation transitoire et contingente de l'être véritable ; il n'est qu'un état spécial parmi une multitude indéfinie d'autres états du même être ; et cet être est, en soi, absolument indépendant de toutes ses manifestations, de même que, pour employer une comparaison qui revient à chaque instant dans les textes hindous, le soleil est absolument indépendant des multiples images dans lesquelles il se réfléchit. Telle est la distinction fondamentale du « Soi » et du « moi », de la personnalité et de l'individualité ; et, de même que les images sont reliées par les rayons lumineux à la source solaire sans laquelle elles n'auraient aucune existence et aucune réalité, de même l'individualité, qu'il s'agisse d'ailleurs de l'individualité humaine ou de tout autre état analogue de manifestation, est reliée à la personnalité, au centre principiel de l'être, par cet intellect transcendant dont il vient d'être question. Il n'est pas possible, dans les limites de cet exposé, de développer plus complètement ces considérations, ni de donner une idée plus précise de la théorie des états multiples de l'être ; mais je pense cependant en avoir dit assez pour en faire tout au moins pressentir l'importance capitale dans toute doctrine véritablement métaphysique.

Théorie, ai-je dit, mais ce n'est pas seulement de théorie qu'il s'agit, et c'est là encore un point qui demande à être expliqué. La connaissance théorique, qui n'est encore qu'indirecte et en quelque sorte symbolique, n'est qu'une préparation, d'ailleurs indispensable, de la véritable connaissance. Elle est du reste la seule qui soit communicable d'une certaine façon, et encore ne l'est-elle pas complètement ; c'est pourquoi toute exposition n'est qu'un moyen d'approcher de la connaissance, et cette connaissance, qui n'est tout d'abord que virtuelle, doit ensuite être réalisée effectivement. Nous trouvons ici une nouvelle différence avec cette métaphysique partielle à laquelle nous avons fait allusion précédemment, celle d'Aristote par exemple, déjà théoriquement incomplète en ce qu'elle se limite à l'être, et où, de plus, la théorie semble bien être présentée comme se suffisant à elle-même, au lieu d'être ordonnée expressément en vue d'une réalisation correspondante, ainsi qu'elle l'est toujours dans toutes les doctrines orientales. Pourtant, même dans cette métaphysique imparfaite, nous serions tenté de dire cette demi-métaphysique, on rencontre parfois des affirmations qui, si elles avaient été bien comprises, auraient dû conduire à de tout autres conséquences : ainsi, Aristote ne dit-il pas nettement qu'un être est tout ce qu'il connaît ? Cette affirmation de l'identification par la connaissance, c'est le principe même de la réalisation métaphysique ; mais ici ce principe reste isolé, il n'a que la valeur d'une déclaration toute théorique, on n'en tire aucun parti, et il semble que, après l'avoir posé, on n'y pense même plus : comment se fait-il qu'Aristote lui-même et ses continuateurs n'aient pas mieux vu tout ce qui y était impliqué ? Il est vrai qu'il en est de même en bien d'autres cas, et qu'ils paraissent oublier parfois des choses aussi essentielles que la distinction de l'intellect pur et de la raison, après les avoir cependant formulées non moins explicitement ; ce sont là d'étranges lacunes. Faut-il y voir l'effet de certaines limitations qui seraient inhérentes à l'esprit occidental, sauf des exceptions plus ou moins rares, mais toujours possibles ? Cela peut être vrai dans une certaine mesure, mais pourtant il ne faut pas croire que l'intellectualité occidentale ait été, en général, aussi étroitement limitée autrefois qu'elle l'est à l'époque moderne. Seulement, des doctrines comme celles-là ne sont après tout que des doctrines extérieures, bien supérieures à beaucoup d'autres, puisqu'elles renferment malgré tout une part de métaphysique vraie, mais toujours mélangée à des considérations d'un autre ordre, qui, elles, n'ont rien de métaphysique… Nous avons, pour notre part, la certitude qu'il y a eu autre chose que cela en Occident, dans l'antiquité et au moyen âge, qu'il y a eu, à l'usage d'une élite, des doctrines purement métaphysiques et que nous pouvons dire complètes, y compris cette réalisation qui, pour la plupart des modernes, est sans doute une chose à peine concevable ; si l'Occident en a aussi totalement perdu le souvenir, c'est qu'il a rompu avec ses propres traditions, et c'est pourquoi la civilisation moderne est une civilisation anormale et déviée.

Si la connaissance purement théorique était à elle-même sa propre fin, si la métaphysique devait en rester là, ce serait déjà quelque chose, assurément, mais ce serait tout à fait insuffisant. En dépit de la certitude véritable, plus forte encore qu'une certitude mathématique, qui est attachée déjà à une telle connaissance, ce ne serait en somme, dans un ordre incomparablement supérieur, que l'analogue de ce qu'est dans son ordre inférieur, terrestre et humain, la spéculation scientifique et philosophique. Ce n'est pas là ce que doit être la métaphysique ; que d'autres s'intéressent à un « jeu de l'esprit » ou à ce qui peut sembler tel, c'est leur affaire ; pour nous, les choses de ce genre nous sont plutôt indifférentes, et nous pensons que les curiosités du psychologue doivent être parfaitement étrangères au métaphysicien. Ce dont il s'agit pour celui-ci, c'est de connaître ce qui est, et de le connaître de telle façon qu'on est soi-même, réellement et effectivement, tout ce que l'on connaît.

Quant aux moyens de la réalisation métaphysique, nous savons bien quelle objection peuvent faire, en ce qui les concerne, ceux qui croient devoir contester la possibilité de cette réalisation. Ces moyens, en effet, doivent être à la portée de l'homme ; ils doivent, pour les premiers stades tout au moins, être adaptés aux conditions de l'état humain, puisque c'est dans cet état que se trouve actuellement l'être qui, partant de là, devra prendre possession des états supérieurs. C'est donc dans des formes appartenant à ce monde où se situe sa manifestation présente que l'être prendra un point d'appui pour s'élever au-dessus de ce monde même ; mots, signes symboliques, rites ou procédés préparatoires quelconques, n'ont pas d'autre raison d'être ni d'autre fonction : comme nous l'avons déjà dit, ce sont là des supports et rien de plus. Mais, diront certains, comment se peut-il que ces moyens purement contingents produisent un effet qui les dépasse immensément, qui est d'un tout autre ordre que celui auquel ils appartiennent eux-mêmes ? Nous ferons d'abord remarquer que ce ne sont en réalité que des moyens accidentels, et que le résultat qu'ils aident à obtenir n'est nullement leur effet ; ils mettent l'être dans les dispositions voulues pour y parvenir plus aisément, et c'est tout. Si l'objection que nous envisageons était valable dans ce cas, elle vaudrait également pour les rites religieux, pour les sacrements, par exemple, où la disproportion n'est pas moindre entre le moyen et la fin ; certains de ceux qui la formulent n'y ont peut-être pas assez songé. Quant à nous, nous ne confondons pas un simple moyen avec une cause au vrai sens de ce mot, et nous ne regardons pas la réalisation métaphysique comme un effet de quoi que ce soit, parce qu'elle n'est pas la production de quelque chose qui n'existe pas encore, mais la prise de conscience de ce qui est, d'une façon permanente et immuable, en dehors de toute succession temporelle ou autre, car tous les états de l'être, envisagés dans leur principe, sont en parfaite simultanéité dans l'éternel présent.

Nous ne voyons donc aucune difficulté à reconnaître qu'il n'y a pas de commune mesure entre la réalisation métaphysique et les moyens qui y conduisent ou, si l'on préfère, qui la préparent. C'est, d'ailleurs pourquoi nul de ces moyens n'est strictement nécessaire, d'une nécessité absolue ; ou du moins il n'est qu'une seule préparation vraiment indispensable, et c'est la connaissance théorique. Celle-ci, d'autre part, ne saurait aller bien loin sans un moyen que nous devons ainsi considérer comme celui qui jouera le rôle le plus important et le plus constant : ce moyen, c'est la concentration ; et c'est là quelque chose d'absolument étranger, de contraire même aux habitudes mentales de l'Occident moderne, où tout ne tend qu'à la dispersion et au changement incessant. Tous les autres moyens ne sont que secondaires par rapport à celui-là : ils servent surtout à favoriser la concentration, et aussi à harmoniser entre eux les divers éléments de l'individualité humaine, afin de préparer la communication effective entre cette individualité et les états supérieurs de l'être. Ces moyens pourront d'ailleurs, au point de départ, être variés presque indéfiniment, car, pour chaque individu, ils devront être appropriés à sa nature spéciale, conformes à ses aptitudes et à ses dispositions particulières. Ensuite, les différences iront en diminuant, car il s'agit de voies multiples qui tendent toutes vers un même but ; et à partir d'un certain stade, toute multiplicité aura disparu ; mais alors les moyens contingents et individuels auront achevé de remplir leur rôle. Ce rôle, pour montrer qu'il n'est nullement nécessaire, certains textes hindous le comparent à celui d'un cheval à l'aide duquel un homme parviendra plus vite et plus facilement au terme de son voyage, mais sans lequel il pourrait aussi y parvenir. Les rites, les procédés divers indiqués en vue de la réalisation métaphysique, on pourrait les négliger et néanmoins, par la seule fixation constante de l'esprit et de toutes les puissances de l'être sur le but de cette réalisation, atteindre finalement ce but suprême ; mais, s'il est des moyens qui rendent l'effort moins pénible, pourquoi les négliger volontairement ? Est-ce confondre le contingent et l'absolu que de tenir compte des conditions de l'état humain, puisque c'est de cet état, contingent lui-même, que nous sommes actuellement obligés de partir pour la conquête des états supérieurs, puis de l'état suprême et inconditionné ?

Indiquons maintenant, d'après les enseignements qui sont communs à toutes les doctrines traditionnelles de l'Orient, les principales étapes de la réalisation métaphysique. La première, qui n'est que préliminaire en quelque sorte, s'opère dans le domaine humain et ne s'étend pas encore au delà des limites de l'individualité. Elle consiste dans une extension indéfinie de cette individualité, dont la modalité corporelle, la seule qui soit développée chez l'homme ordinaire, ne représente qu'une portion très minime ; c'est de cette modalité corporelle qu'il faut partir en fait, d'où l'usage, pour commencer, de moyens empruntés à l'ordre sensible, mais qui devront d'ailleurs avoir une répercussion dans les autres modalités de l'être humain. La phase dont nous parlons est en somme la réalisation ou le développement de toutes les possibilités qui sont virtuellement contenues dans l'individualité humaine, qui en constituent comme des prolongements multiples s'étendant en divers sens au delà du domaine corporel et sensible ; et c'est par ces prolongements que pourra ensuite s'établir la communication avec les autres états.

Cette réalisation de l'individualité intégrale est désignée par toutes les traditions comme la restauration de ce qu'elles appellent l'« état primordial », état qui est regardé comme celui de l'homme véritable, et qui échappe déjà à certaines des limitations caractéristiques de l'état ordinaire, notamment à celle qui est due à la condition temporelle. L'être qui a atteint cet « état primordial » n'est encore qu'un individu humain, il n'est en possession effective d'aucun état supra-individuel ; et pourtant il est dès lors affranchi du temps, la succession apparente des choses s'est transmuée pour lui en simultanéité ; il possède consciemment une faculté qui est inconnue à l'homme ordinaire et que l'on peut appeler le « sens de l'éternité ». Ceci est d'une extrême importance, car celui qui ne peut sortir du point de vue de la succession temporelle et envisager toutes choses en mode simultané est incapable de la moindre conception de l'ordre métaphysique. La première chose à faire pour qui veut parvenir véritablement à la connaissance métaphysique, c'est de se placer hors du temps, nous dirions volontiers dans le « non-temps » si une telle expression ne devait pas paraître trop singulière et inusitée. Cette conscience de l'intemporel peut d'ailleurs être atteinte d'une certaine façon, sans doute très incomplète, mais déjà réelle pourtant, bien avant que soit obtenu dans sa plénitude cet « état primordial » dont nous venons de parler.

On demandera peut-être : pourquoi cette dénomination d'« état primordial » ? C'est que toutes les traditions, y compris celle de l'Occident (car la Bible elle-même ne dit pas autre chose), sont d'accord pour enseigner que cet état est celui qui était normal aux origines de l'humanité, tandis que l'état présent n'est que le résultat d'une déchéance, l'effet d'une sorte de matérialisation progressive qui s'est produite au cours des âges, pendant la durée d'un certain cycle. Nous ne croyons pas à l'« évolution », au sens que les modernes donnent à ce mot ; les hypothèses soi-disant scientifiques qu'ils ont imaginées ne correspondent nullement à la réalité. Il n'est d'ailleurs pas possible de faire ici plus qu'une simple allusion à la théorie des cycles cosmiques, qui est particulièrement développée dans les doctrines hindoues ; ce serait sortir de notre sujet, car la cosmologie n'est pas la métaphysique, bien qu'elle en dépende assez étroitement ; elle n'en est qu'une application à l'ordre physique, et les vraies lois naturelles ne sont que des conséquences, dans un domaine relatif et contingent, des principes universels et nécessaires.

Revenons à la réalisation métaphysique : sa seconde phase se rapporte aux états supra-individuels, mais encore conditionnés, bien que leurs conditions soient tout autres que celles de l'état humain. Ici, le monde de l'homme, où nous étions encore au stade précédent, est entièrement et définitivement dépassé. Il faut dire plus : ce qui est dépassé, c'est le monde des formes dans son acception la plus générale, comprenant tous les états individuels quels qu'ils soient, car la forme est la condition commune à tous ces états, celle par laquelle se définit l'individualité comme telle. L'être, qui ne peut plus être dit humain, est désormais sorti du « courant des formes », suivant l'expression extrême-orientale. Il y aurait d'ailleurs encore d'autres distinctions à faire, car cette phase peut se subdiviser ; elle comporte en réalité plusieurs étapes, depuis l'obtention d'états qui, bien qu'informels, appartiennent encore à l'existence manifestée, jusqu'au degré d'universalité qui est celui de l'être pur.

Pourtant, si élevés que soient ces états par rapport à l'état humain, si éloignés qu'ils soient de celui-ci, ils ne sont encore que relatifs, et cela est vrai même du plus haut d'entre eux, celui qui correspond au principe de toute manifestation. Leur possession n'est donc qu'un résultat transitoire, qui ne doit pas être confondu avec le but dernier de la réalisation métaphysique ; c'est au delà de l'être que réside ce but, par rapport auquel tout le reste n'est qu'acheminement et préparation. Ce but suprême, c'est l'état absolument inconditionné, affranchi de toute limitation ; pour cette raison même, il est entièrement inexprimable, et tout ce qu'on en peut dire ne se traduit que par des termes de forme négative : négation des limites qui déterminent et définissent toute existence dans sa relativité. L'obtention de cet état, c'est ce que la doctrine hindoue appelle la « Délivrance », quand elle la considère par rapport aux états conditionnés, et aussi l'« Union », quand elle l'envisage par rapport au Principe suprême.

Dans cet état inconditionné, tous les autres états de l'être se retrouvent d'ailleurs en principe, mais transformés, dégagés des conditions spéciales qui les déterminaient en tant qu'états particuliers. Ce qui subsiste, c'est tout ce qui a une réalité positive, puisque c'est là que tout a son principe ; l'être « délivré » est vraiment en possession de la plénitude de ses possibilités. Ce qui a disparu, ce sont seulement les conditions limitatives, dont la réalité est toute négative, puisqu'elles ne représentent qu'une « privation » au sens où Aristote entendait ce mot. Aussi, bien loin d'être une sorte d'anéantissement comme le croient quelques Occidentaux, cet état final est au contraire l'absolue plénitude, la réalité suprême vis-à-vis de laquelle tout le reste n'est qu'illusion.

Ajoutons encore que tout résultat, même partiel, obtenu par l'être au cours de la réalisation métaphysique l'est d'une façon définitive. Ce résultat constitue pour cet être une acquisition permanente, que rien ne peut jamais lui faire perdre ; le travail accompli dans cet ordre, même s'il vient à être interrompu avant le terme final, est fait une fois pour toutes, par la même qu'il est hors du temps. Cela est vrai même de la simple connaissance théorique, car toute connaissance porte son fruit en elle-même, bien différente en cela de l'action, qui n'est qu'une modification momentanée de l'être et qui est toujours séparée de ses effets. Ceux-ci, du reste, sont du même domaine et du même ordre d'existence que ce qui les a produits ; l'action ne peut avoir pour effet de libérer de l'action, et ses conséquences ne s'étendent pas au delà des limites de l'individualité, envisagée d'ailleurs dans l'intégralité de l'extension dont elle est susceptible. L'action, quelle qu'elle soit, n'étant pas opposée à l'ignorance qui est la racine de toute limitation, ne saurait la faire évanouir, seule la connaissance dissipe l'ignorance comme la lumière du soleil dissipe les ténèbres, et c'est alors que le « Soi », l'immuable et éternel principe de tous les états manifestés et non-manifestés, apparaît dans sa suprême réalité.

Après cette esquisse très imparfaite et qui ne donne assurément qu'une bien faible idée de ce que peut être la réalisation métaphysique, il faut faire une remarque qui est tout à fait essentielle pour éviter de graves erreurs d'interprétation : c'est que tout ce dont il s'agit ici n'a aucun rapport avec des phénomènes quelconques, plus ou moins extraordinaires. Tout ce qui est phénomène est d'ordre physique ; la métaphysique est au delà des phénomènes ; et nous prenons ce mot dans sa plus grande généralité. Il résulte de là, entre autres conséquences, que les états dont il vient d'être parlé n'ont absolument rien de « psychologique » ; il faut le dire nettement parce qu'il s'est parfois produit à cet égard de singulières confusions. La psychologie, par définition même, ne saurait avoir de prise que sur des états humains, et encore telle qu'on l'entend aujourd'hui, elle n'atteint qu'une zone fort restreinte dans les possibilités de l'individu, qui s'étendent bien plus loin que les spécialistes de cette science ne peuvent le supposer. L'individu humain, en effet, est à la fois beaucoup plus et beaucoup moins qu'on ne le pense d'ordinaire en Occident : il est beaucoup plus, en raison de ses possibilités d'extension indéfinie au delà de la modalité corporelle, à laquelle se rapporte en somme tout ce qu'on en étudie communément ; mais il est aussi beaucoup moins, puisque, bien loin de constituer un être complet et se suffisant à lui-même, il n'est qu'une manifestation extérieure, une apparence fugitive revêtue par l'être véritable et dont l'essence de celui-ci n'est nullement affectée dans son immutabilité.

Il faut insister sur ce point, que le domaine métaphysique est entièrement en dehors du monde phénoménal, car les modernes, habituellement, ne connaissent et ne recherchent guère que les phénomènes ; c'est à ceux-ci qu'ils s'intéressent presque exclusivement, comme en témoigne d'ailleurs le développement qu'ils ont donné aux sciences expérimentales ; et leur inaptitude métaphysique procède de la même tendance. Sans doute, il peut arriver que certains phénomènes spéciaux se produisent dans le travail de réalisation métaphysique, mais d'une façon tout accidentelle : c'est là un résultat plutôt fâcheux, car les choses de ce genre ne peuvent être qu'un obstacle pour celui qui serait tenté d'y attacher quelque importance. Celui qui se laisse arrêter et détourner de sa voie par les phénomènes, celui surtout qui se laisse aller à rechercher des « pouvoirs » exceptionnels, a bien peu de chances de pousser la réalisation plus loin que le degré auquel il est déjà arrivé lorsque survient cette déviation.

Cette remarque amène naturellement à rectifier quelques interprétations erronées qui ont cours au sujet du terme de « Yoga » ; n'a-t-on pas prétendu parfois, en effet, que ce que les Hindous désignent par ce mot est le développement de certains pouvoirs latents de l'être humain ? Ce que nous venons de dire suffit pour montrer qu'une telle définition doit être rejetée. En réalité, ce mot « Yoga » est celui que nous avons traduit aussi littéralement que possible par « Union » ; ce qu'il désigne proprement, c'est donc le but suprême de la réalisation métaphysique ; et le « Yogi » si l'on veut l'entendre au sens le plus strict, est uniquement celui qui a atteint ce but. Toutefois, il est vrai que, par extension, ces mêmes termes sont, dans certains cas appliqués aussi à des stades préparatoires à l'« Union » ou même à de simples moyens préliminaires, et à l'être qui est parvenu aux états correspondants à ces stades ou qui emploi ces moyens pour y parvenir. Mais comment pourrait-on soutenir qu'un mot dont le sens premier est « Union » désigne proprement et primitivement des exercices respiratoires ou quelque autre chose de ce genre ? Ces exercices et d'autres, basées généralement sur ce que nous pouvons appeler la science du rythme, figurent effectivement parmi les moyens les plus usités en vue de la réalisation métaphysique ; mais qu'on ne prenne pas pour la fin ce qui n'est qu'un moyen contingent et accidentel et qu'on ne prenne pas non plus pour la signification originelle d'un mot ce qui n'en est qu'une acception secondaire et plus ou moins détournée.

En parlant de ce qu'est primitivement le « Yoga », et en disant que ce mot a toujours désigné essentiellement la même chose, on peut songer à poser une question dont nous n'avons rien dit jusqu'ici : ces doctrines métaphysiques traditionnelles auxquelles nous empruntons toutes les données que nous exposons, quelle en est l'origine ? La réponse est très simple, encore qu'elle risque de soulever les protestations de ceux qui voudraient tout envisager au point de vue historique : c'est qu'il n'y a pas d'origine ; nous voulons dire par là qu'il n'y a pas d'origine humaine, susceptible d'être déterminée dans le temps. En d'autres termes, l'origine de la tradition, si tant est que ce mot d'origine ait encore une raison d'être en pareil cas, est « non-humaine » comme la métaphysique elle-même. Les doctrines de cet ordre n'ont pas apparu à un moment quelconque de l'histoire de l'humanité : l'allusion que nous avons faite à l'« état primordial », et aussi, d'autre part, ce que nous avons dit du caractère intemporel de tout ce qui est métaphysique, devraient permettre de le comprendre sans trop de difficulté à la condition qu'on se résigne à admettre, contrairement à certains préjugés, qu'il y a des choses auxquelles le point de vue historique n'est nullement applicable. La vérité métaphysique est éternelle ; par là même, il y a toujours eu des êtres qui ont pu la connaître réellement et totalement. Ce qui peut changer, ce ne sont que des formes extérieures des moyens contingents ; et ce changement même n'a rien de ce que les modernes appellent « évolution », il n'est qu'une simple adaptation à telles ou telles circonstances particulières, aux conditions spéciales d'une race ou d'une époque déterminée. De là résulte la multiplicité des formes, mais le fond de la doctrine n'en est aucunement modifié ou affecté, pas plus que l'unité et l'identité essentielles de l'être ne sont altérées par la multiplicité de ses états de manifestation.

La connaissance métaphysique, et la réalisation qu'elle implique pour être vraiment tout ce qu'elle doit être sont donc possibles partout et toujours, en principe tout au moins, et si cette possibilité est envisagée d'une façon absolue en quelque sorte ; mais en fait, pratiquement si l'on peut dire, et en un sens relatif, sont-elles également possibles dans n'importe quel milieu et sans tenir le moindre compte des contingences ? Là-dessus, nous serons beaucoup moins affirmatif, du moins en ce qui concerne la réalisation ; et cela s'explique par le fait que celle-ci, à son commencement, doit prendre son point d'appui dans l'ordre des contingences. Il peut y avoir des conditions particulièrement défavorables, comme celles qu'offre le monde occidental moderne, si défavorables qu'un tel travail y est à peu près impossible, et qu'il pourrait même être dangereux de l'entreprendre, en l'absence de tout appui fourni par le milieu, et dans une ambiance qui ne peut que contrarier et même annihiler les efforts de celui qui s'y livrerait. Par contre, les civilisations que nous appelons traditionnelles sont organisées de telle façon qu'on peut y rencontrer une aide efficace, qui sans doute n'est pas rigoureusement indispensable, pas plus que tout ce qui est extérieur, mais sans laquelle il est cependant bien difficile d'obtenir des résultats effectifs. Il y a là quelque chose qui dépasse les forces d'un individu humain isolé, même si cet individu possède par ailleurs les qualifications requises ; aussi ne voudrions-nous encourager personne, dans les conditions présentes, à s'engager inconsidérément dans une telle entreprise ; et ceci va nous conduire directement à notre conclusion.

Pour nous, la grande différence entre l'Orient et l'Occident (et il s'agit ici exclusivement de l'Occident moderne), la seule différence même qui soit vraiment essentielle, car toutes les autres en sont dérivées, c'est celle-ci : d'une part, conservation de la tradition avec tout ce qu'elle implique ; de l'autre, oubli et perte de cette même tradition ; d'un côté, maintien de la connaissance métaphysique ; de l'autre, ignorance complète de tout ce qui se rapporte à ce domaine. Entre des civilisations qui ouvrent à leur élite les possibilités que nous avons essayé de faire entrevoir, qui lui donnent les moyens les plus appropriés pour réaliser effectivement ces possibilités, et qui, à quelques-uns tout au moins, permettent ainsi de les réaliser dans leur plénitude, entre ces civilisations traditionnelles et une civilisation qui s'est développée dans un sens purement matériel, comment pourrait-on trouver une commune mesure ? Et qui donc, à moins d'être aveuglé par je ne sais quel parti pris, osera prétendre que la supériorité matérielle compense l'infériorité intellectuelle ? Intellectuelle, disons-nous, mais en entendant par là la véritable intellectualité, celle qui ne se limite pas à l'ordre humain ni à l'ordre naturel, celle qui rend possible la connaissance métaphysique pure dans son absolue transcendance. Il me semble qu'il suffit de réfléchir un instant à ces questions pour n'avoir aucun doute ni aucune hésitation sur la réponse qu'il convient d'y apporter.

La supériorité matérielle de l'Occident moderne n'est pas contestable ; personne ne la lui conteste non plus, mais personne ne la lui envie. Il faut aller plus loin : ce développement matériel excessif, l'Occident risque d'en périr tôt ou tard s'il ne se ressaisit à temps, et s'il n'en vient à envisager sérieusement le « retour aux origines », suivant une expression qui est en usage dans certaines écoles d'ésotérisme islamique. De divers côtés, on parle beaucoup aujourd'hui de « défense de l'Occident » ; mais, malheureusement, on ne semble pas comprendre que c'est contre lui-même surtout que l'Occident a besoin d'être défendu, que c'est de ses propres tendances actuelles que viennent les principaux et les plus redoutables de tous les dangers qui le menacent réellement. Il serait bon de méditer là-dessus un peu profondément, et l'on ne saurait trop y inviter tous ceux qui sont encore capables de réfléchir. Aussi est-ce par là que je terminerai mon exposé, heureux si j'ai pu faire, sinon comprendre pleinement, du moins pressentir quelque chose de cette intellectualité orientale dont l'équivalent ne se trouve plus en Occident, et donner un aperçu, si imparfait soit-il, de ce qu'est la métaphysique vraie, la connaissance par excellence, qui est, comme le disent les textes sacrés de l'Inde, seule entièrement véritable, absolue, infinie et suprême.